QUELS SONT LES COUPABLES

DANS L'AFFAIRE

DE SAINT-DOMINGUE?]

AN IIIe DE LA RÉPUBLIQUE RRANÇAISE.

QUELS SONT LES COUPABLES

DANS L'AFFAIRE

DE SAINT-DOMINGUE?

Réflexions sur les Débats, entre les Accusateurs & les Accusés, ordonnés par Décret de la Convention nationale, du 4 Pluviose dernier, par Creuzé-Paschal, Représentant du Peuple, Député du département de la Vienne.

La Convention voulant connoître les traîtres & punir la trahison, a, par décret du 7 vendémiaire, institué sa Commission des colonies pour recueillir tous les faits à charge & à décharge, pour & contre les accusés & accusateurs, dans l'affaire de Saint-Domingue. La marche que l'on a suivi dans cette étonnante discussion, est précisément celle qui peut étouffer la vérité, bien loin de la faire connoître, l'intérêt de la Patrie exige cet aveu de ma part. Je le ferai avec courage; je le présenterai sans passion; je n'accuse personne, mais je laisse parler les faits.

Garan, président perpétuel de la Commis-

A

fion des colonies, Garan, dont j'honore les intentions, ne me paroît pas l'homme le plus propre à débrouiller une affaire, à inftruire une procédure. Garan, ci-devant procurateur général à la haute cour d'Orléans, n'a pu, pendant un long exercice, trouver une feule pièce, un feul fait contre les nombreux accu- fés, détenus dans les prifons, dont il avoit la furveillance. Ces détenus y jouiffoient d'une liberté indéfinie. Le peuple mécontent de ce défaut de police, & de n'appercevoir aucun terme à une procédure de ce genre, s'eft porté à des excès infiniment répréhenfibles, que rien, fans doute, ne peut excufer. Ils n'au- roient pas eu lieu fi la juftice eût eu fon cours ordinaire. Garan, enfin, qui, après fix mois & plus, ne peut pas fous quinze jours, fous un mois, trouver dans cinq volumes de dif- cuffion, la matière d'un rapport à faire à la Convention, qui l'attend avec tant d'impa- tience. Garan, dans trois jours, a fu faire fur Julien Raymond, inculpé, & que je n'accufe pas, un rapport qu'on ne lui demandoit pas, & qui fe porte à l'intérêt d'un feul homme. Eh bien, ce même délai eût été plus que fuffifant pour porter, fur l'affaire des colonies, les lumières néceffaires, & pour prononcer en connoiffance de caufe.

1.° Polverel & Sonthonax ont-ils été délégués à Saint-Domingue, pour y rétablir l'ordre & la paix, pour conserver à la France cette précieuse colonie? Oui, sans doute, ont-ils rempli ce double but? Non, Saint-Domingue est un monceau de cendres : tous les crimes y ont été commis publiquement, provoqués ouvertement; les propriétés ont été dévastées, pillées, incendiées; les habitans égorgés, massacrés, poursuivis par le fer & par la flamme; chassés, déportés sous les yeux & par le fait de Polverel & Sonthonax.

2.° Polverel & Sonthonax avoient-ils une autorité suffisante & des forces capables de prévenir tant de calamités, d'en rechercher les auteurs & les punir? Oui, & ils n'ont rien fait pour arrêter le désordre. Eux-mêmes se sont portés aux derniers excès. De leur aveu, ils avoient la dictature coloniale, ils l'ont avancé dans une pièce officielle. Ils avoient des pouvoirs illimités; ils ont réuni le pouvoir législatif, judiciaire & militaire; ils ont paralysés toutes les autorités; ils sont donc responsables de tous les évènemens. Ils ont cassé les corps constitués, ils devoient donc les remplacer par d'autres plus éclairés, mieux intentionnés, plus attachés à la mère patrie. Ces nouveaux fonctionnaires étoient leurs enfans, leurs créatures,

Leurs arrêtés n'avoient de force que par la
fanction des commiffaires civils. Les commiffaires civils font donc refponfables de tous les
évènemens, puifque dans leurs mains fe trou-
voient concentrée l'univerfalité des pouvoirs ;
ils avoient à leurs ordres des troupes de terre
& de mer, à quoi les ont-ils employés ? A
détruire la colonie, à l'anéantir, à la livrer
à l'ennemi. D'abord ils ont difféminé les troupes fur différens points, de manière à ne
pouvoir agir efficacement contre les révoltés ;
elles ont été placées dans des endroits mal-
fains ; on leur a donné des breuvages mix-
tionnés, empoifonnés ; les effais ont été faits,
les plaintes portées aux commiffaires civils,
par la fociété des amis de la convention, par
la municipalité du Cap. Les commiffaires civils
n'ont point donné fuite à des dénonciations
d'une telle importance, appuyées de procès-
verbaux. Les trois quarts des foldats ont péri,
le refte a été privé de fa folde, a manqué de
tout, malgré les énormes contributions im-
pofées par Polverel & Sonthonax, *& l'on ne
veut appercevoir aucuns coupables.* Lorfque
les révoltés étoient en armes, campés ; lorf-
qu'ils menaçoient les villes, exterminoient
les habitans des campagnes, qu'ils avoient
des relations avec l'efpagnol, qu'ils recevoient

des ennemis de la France, des canons, des munitions de guerre, qu'ils portoient la cocarde blanche, qu'ils reconnoiſſoient Louis XVII ; les commiſſaires civils ont défendu aux commandans de les attaquer, & leur ont preſcrit de ſe tenir ſur la défenſive. Les ordres exiſtent, on les rapporte, *& on n'apperçoit pas encore de criminels.*

3.º Les commiſſaires civils organiſent la terreur & la guerre civile ; ils arment & font marcher quatorze paroiſſes contre le Port-au-Prince, aſſiégent cette ville par terre & par mer, s'en rendent maîtres, après avoir tiré trois ou quatre mille coups de canon, la pillent, lèvent une contribution de 450,000 livres, chaſſent les habitans, les déportent, & Polverel & Sonthonax conſervent encore le caractère de commiſſaires-pacificateurs ! ils vendent des paſſeports pour France, donnent des reçus qu'on repréſente, *& dans ces concuſſions, on n'apperçoit pas encore la trace du crime.*

4.º Polverel & Sonthonax, plus de ſix mois avant que la convention affranchiſſe les nègres, leurs donnent la liberté, leurs diſtribuent les terres, les atteliers, les propriétés de toute nature : *& l'on ne voit pas dans ces dictateurs inſolens & féroces, les uſur-*

pateurs du pouvoir légiflatif, les promoteurs, les organes de la loi agraire ; que, dis-je, *les fpoliateurs , comme les affaffins publics de la colonie ?* La loi agraire, dont l'idée feule fait frémir, fuppofe une égale répartition parmi les citoyens. L'opération de Polverel & Sonthonax va plus loin; elle dépouille entièrement les propriétaires, les français, pour revêtir exclufivement les africains faciles à féduire, déjà féduits, en pleine révolte, armés, maffacrant, brûlant, faccagant. De femblables pouvoirs ont-ils pu être délégués aux commiffaires-pacifica'eurs? Ont-ils pu fe charger d'une pareille miffion ? Ont-ils agi ainfi fans y être fuffifamment autorifés? Dans l'un & l'autre cas, *ne font-ils pas des monftres à étouffer !*

5.° N'ont-ils pas préparé tous les défaftres du Cap? Chargés de ramener les efprits, n'ont-ils pas foulevé les hommes de couleur, les noirs, ne les ont-ils pas armés contre les blancs ? Dans un moment où tout étoit dans la plus grande fermentation, Polverel & Sonthonax n'ont-ils pas donné ordre de jouer la Servante maîtreffe, pour préparer les efclaves à un renverfement général ? Le feu n'a-t-il pas été mis aux quatre coins du Cap, fous les yeux mêmes de Polverel & Sonthonax ! N'ont-ils pas appelé les révoltés, reçu chez eux le chef des révoltés ? Ne les a-t-on pas armés avec les armes de la garnifon dans les cafernes ? A-t'on entendu fur ce fait des étrangers à Saint - Domingue, des témoins occulaires ? Non ! Comment veut-on favoir la vérité ? Cependant cette dénonciation a été faite, & par mon organe, à la commiſſion qui n'y a eu aucun égard. Les commiſſaires civils n'ont-ils pas fait ouvrir les prifons à huit cens nègres malfaiteurs ? Que pouvoit-on attendre de ces bandits, de ces brigands qui n'ayant rien à perdre, vouloient perdre tout, tout envahir, à qui d'ailleurs on avoit promis le pillage, que l'on encourageoit, le fabre à la main, en parcourant les rues, en difant « cou- » rage, braves républicains, il faut extermi- » ner la race blanche, il ne faut pas qu'il en » refte un feul, faites les tous griller comme des cochons ! » Peut-on négliger d'entendre des dépofitions de cette importance ? Peut-on les laiſſer dépérir ? C'eft le cas fans doute où jamais d'aprécier le dégré de confiance que peuvent mériter les témoins ? Prétend-on découvrir la vérité, fi pendant fix mois on écarte les preuves écrites, fi l'on éloigne ouvertement les témoins, fi l'on ne veut pas entendre parler de complicité, *fans rappeler à l'ordre ?*

A 4

6.° Polverel, Sonthonax & leurs émissaires n'ont-ils pas dit ouvertement que les hommes de couleur, que les noirs étoient le peuple de Saint-Domingue ? On a donc juré la proscription des colons ! Pourquoi les blancs sont-ils exclus ? Pourquoi, dans une colonie française, rejetter tous les français ? La colonie sera-t-elle mieux défendue ; les droits de la Métropole seront-ils mieux assurés, quand la colonie sera entièrement au pouvoir des africains & de leurs descendans ? Croyons en l'expérience ! Tant que les colons blancs, tant que les français ont habité Saint-Domingue, la colonie a été française. Aussi-tôt que les véritables propriétaires ont été expulsés, les anglais, les espagnols s'en sont emparés ; encore en ce moment n'en sont-ils pas les maîtres ? Avec une poignée de soldats n'ont ils pas envahi la partie française, la partie française défendue par quatre cens mille étrangers, peu jaloux de propriétés, de culture ; qui n'ont ni le sentiment de la patrie ni l'énergie républicaine ? Que falloit - il pour livrer tant de trésors à l'ennemi ? le moyen étoit infaillible, il falloit repousser, éloigner, déporter, détruire tout ce qui avoit intérêt à les défendre. Il falloit empêcher les troupes de faire rentrer dans le devoir les révoltés, les révoltés affiftés de nos ennemis & armés par eux. Il falloit faire périr nos meilleures troupes, les dégouter, leur refufer la folde, les laiffer manquer de tout. Voilà les confeils, voilà les ordres que Pitt lui-même eût pu donner ; voilà ce qui a été conftament pratiqué par Polverel & Sonthonax, pendant leur longue & meurtrière miffion. Qu'ils nous difent aujourd'hui : le traître Galbaud a incendié le Cap, il va livrer le convoi à l'anglais. Pouvons nous, fans frémir fupporter une pareille impudence ? Quoi Galbaud auroit incendié le Cap & les incendiés fe feroient refugiés dans fon fein, il les auroit recueillis, & les auroit mis à couvert & du fer & de la flamme ! Ceux qui ont furvecu à ce déluge de crimes fe méprendroient encore fur leurs libérateurs ! Polverel & Sonthonax auroient été les libérateurs de la colonie, & tous les colons, qu'une mauvaife étoile dirigeoit vers leur repaire fanglant, ont été maffacrés, affaffinés dans les rues & de fang froid, dans les prifons, en plein jour, au milieu de la nuit avec des fufils à vent ! Tous ces faits font-ils dignes de notre attention ? Ne font-ils pas de la dernière évidence ? Veut-on acquérir une plus grande conviction ? Confultez les ruines du Cap, les ordres donnés par les commiffaires. Voyez les préfens au meurtre, au maffacre ! Appréciez leur incurie, leur négligence à prévenir tant de défaftres, à en rechercher les auteurs ? Auroient-ils fouffert tant d'atrocités s'ils ne les euffent eux-même commendées ? Voyez comme leur rage impuiffante pourfuit encore les malheureufes victimes de leur fçélérateffe ? Ecoutez avec quelle impudence ils préconifent les meurtriers, les affaffins des françois ; pourrions nous donc encore méconnoître les incendiaires du Cap ? Lifons au moins les ordres donnés par les commiffaires civils de bruler, de couler bas, d'anéantir au premier fignal la flotte, les vaiffeaux de la Républi- que, Galbaud retiré fur les vaiffeaux, leur a-t'il porté quelque dommage ? a-t'il fait mine de les enlever à la France ? A-t-il cherché à les livrer à l'anglais ? Les faits le difculpent entièrement de ces fauffes imputations. Tan- dis que les ordres par écrit donnés par *Pol- verel & Sonthonax* les accufent & prouvent complettement leur atroce perfidie. Nieront- ils avoir donné ces ordres barbares ? C'eft un point de fait que l'on peut éclaircir dans trois minuttes. Les délégués de la France préten- doient-ils la fervir en détruifant fes forces navalles, en incendiant fes vaiffeaux, en fai- fant périr fes marins, la reffource, l'unique efpoir de la patrie, deftinés à ramener en France un convoi précieux, à équiper fes flottes et repouffer l'injufte aggreffion des anglais ? Sans doute les matelots, fans doute les troupes cafernées auroient contenu les incendiaires, les pillards, mais ceux qui vouloient l'incendie, qui vouloient le pillage, ceux qui avoient tous les pouvoirs, avoient défarmé la troupe, avoient livré leurs armes aux brigands, avoient forcé les hommes de mer de s'éloigner ou de refter fpectateurs tranquilles de tant d'horreurs, fous peine de fe voir précipités dans les abymes de la mer où confumés par des flammes dévorantes.

Cet ordre impitoyable d'incendier, de couler bas les vaiffeaux, ne rempliffoit pas encore les vues fanguinaires des commiffaires pacificateurs. Ils n'appréhendoient pas fans doute que Galbaud livrat le convoi & la flotte à l'Anglais, mais ils ne vouloient pas que ces vaiffeaux trouvaffent un feul afyle dans la colonie. A cet effet ils font paffer une défenfe rigoureufe à tous les commandans, à toutes les municipalités, à peine d'être regardés comme traîtres à la patrie, de laiffer approcher indiftinctement les vaiffeaux de la république, fous quelque prétexte, pour quelque caufe que ce foit, même en cas de détreffe. Ils vouloient donc, ces délégués de la France, anéantir par tous les moyens qui étoient en eux, & le convoi & son escorte. Non-seulement le convoi & l'escorte, mais tous les vaisseaux quelconques appartenants à la république, qui pourroient aborder à Saint-Domingue. A quoi se réduit donc la question aujourd'hui? Sans doute à savoir si les commissaires ont donné de pareils ordres, si dans aucun cas, ils ont du le donner! Il ne faut pas plus de deux minutes pour constater le fait, & pour prononcer sur l'intention de tels commissaires civils.

On l'a découvrira d'une maniere bien positive en examinant si *Polverel* & *Sonthonax* ont fait réellement comme on les accuse, dégréer au Port-au-Prince, les bâtimens du commerce, de maniere qu'aucun ne put mettre en mer & échapper à l'Anglais. L'Anglais, fort de 1500 hommes s'empare du Port-au-Prince! Du Port-au-Prince où commandoient *Polverel* & *Southonax*, soutenus de ce qu'ils appellent *par excellence*, & *exclusivement*, le peuple de Saint-Domingue, de quatre cent mille républicains, débarrassés de ces colons importuns, malveillans, qu'eux même avoient canoné au paravant par terre, par mer, avec des forces supérieures. Eh

bien! fi puiſſant pour l'attaquer , fi puſilla-
nime pour la défenſe , *Polverel* & *Southonax*
rendent , fans tirer un feul coup , cette ville
importante aux Anglais. Ceux-ci s'emparent
des navires & de leur riche cargaiſon , rien
ne leur échappe , fi ce n'eſt les commiſſaires
& leurs tréfors , leurs tréfors chargés fur
foixante mulets. A qui la France peut elle
aujourd'hui redemander fa colonie? Seroit-ce
donc à ceux qui n'y étoient pas, ou à ceux
qui avoient ufurpé la dictature? Les colons
qui ont tout perdu , ont-ils livré de plein gré
leurs propriétés aux Anglais? N'eſt il pas évi-
dent que ceux-ci au contraire ont été puiſſam-
ment fecourus, fecondés par ceux qui, armés de
tous les pouvoirs , n'avoient préparé aucun
moyen de défenfe , tandis que peu de temps
au paravant , ils avoient , d'une manière fi
conforme à leurs deſſins , employé & fait
réuſſir tous les moyens d'attaque ? Les traîtres
ne font-il pas ceux qui , chargés de l'intérêt
général , ont tout facrifié, excepté les richeſſes
qu'eux-mêmes avoient envahies ? Pourront-ils
juſtifier l'ordre abfolu qu'ils ont donné de
dégréer les vaiſſeaux ? Eſt-ce Galbaud , parti
depuis plus d'un an, qui livre encore ici à
l'ennemi des denrées fi précieufes? Et cette
affaire feroit encore pour nous un problême !

La France entiere, l'Europe & la poſtérité la jugeront. Il exiſte des preuves écrites, des preuves multipliées; il ſuffit de les préſenter, d'en reconnoître l'authenticité; il ne faut pas trois jours pour cet examen. D'ailleurs il exiſte des témoins ſans nombre, ſi l'on croyoit devoir les appeller, pluſieurs ſont préſens. Mais ſi l'on détourne continuellement les yeux; ſi l'on ne veut pas entendre ceux qui ont vu, qui ont entendu, ceux même qui n'ont aucun intérêt dans les colonies; comment peut-on découvrir la vérité que l'on repouſſe? Dans toute inſtruction, n'entend-on pas ceux qui ont été volés, aſſaſſinés? Ceux qui étoient préſens à ces délits; tous ceux qui en ont connoiſſance, ſoit qu'ils ayent ou n'ayent pas d'intérêts à la choſe; n'interroge-t-on pas les enfans, les domeſtiques, les voiſins, les paſſans? Pouroit-on au jourd'hui n'écouter que les Africains; ſi les Africains, faciles à ſéduire, pouſſés par des ſcélérats qui ſe ſont enrichis, ont commis tous les déſordres? On veut ſavoir ce qui s'eſt paſſé à Saint-Domingue, & l'on recuſe les habitans, les négocians, les marins, tous les voyageurs, les troupes, ceux mêmes qui étoient a la ſuite des régimens. Eh bien, ſi vous ſuſpectés tous les hommes, au moins interrogés les pierres, elles font calcinées ; interrogés les habitations , elles font faccagées ; interrogés la terre , elle eft innondée de fang ; interrogés même les coupables , vous les entendrés accufer ceux à qui ils ont tout enlevé ; ils les pourfuivent avec acharnement ; ils les ont déportés ; ils leurs ont vendus des paffe-ports, ces paffe-ports exiftent , le prix eft au bas , & l'on peut encore douter de la concuffion ! Des françois expatriés , chaffés dépouillés , ont achetés la faculté de fe fouftraire au fer & à la flâme ! *Et leurs affaffins les traitent d'émigrés ?* Dans quels principes fe font conduits les émigrés ? ils ont fait caufe commune avec les anglais ; ils ont pactifé avec eux ; ils fe font armés avec eux ; ils ont avec eux envahis le territoire français , aiffaillis la colonie , ils y regnent encore paifiblement ! Ce ne font pas pourtant ceux-là que Polverel & Santhonax attaquent ; ils ne propofent pas de les pourfuivre ; ils ne difent pas un feul mot contre eux ; ils ne leur oppofent aucune réfiftance ; ils ne manifeftent aucun reffentiment ; ceux-là feuls font dignes de leur haine, ceux-là feuls éprouvent leur courroux, qui ont conftamment défendu la colonie tant qu'il leur a été permis de l'habiter ! Ils prétendent expulfer à jamais de la France ceux qui, au lieu de chercher un appui chez les anglais, fe font refugiés chez nos alliés, ceux qui n'ont ceffés de porter leurs regards & leurs vœux vers la patrie, qui fans ceffe lui demandent des fecours, non pour feconder, non pour perpétuer l'ufurpation des ennemis quels qu'ils foient, mais pour leur arracher la plus belle portion du patrimoine français. Sans doute il y a eu des traîtres. Qu'on les pourfuive tous, qu'on les puniffe, qu'on leur applique les loix relatives à leurs délits, & celles qui concernent les émigrés. La juftice l'exige, mais la juftice veut atteindre les vrais coupables, les feuls coupables, on n'y parviendra jamais, malgré l'intention bien manifeftée de la Convention, malgré les dépenfes énormes qu'occafionne cette inftruction monftrueufe, avec les fecours fi difpendieux des tachigraphes, il nous faut près d'un mois pour apprendre ce qui fe dit à cinquante pas de nous, & il ne faut pas trois jours pour favoir ce qui fe paffe fur l'une & l'autre rive du Rhin. Il faut donc conclure que la marche que nous fuivons eft la moins propre pour atteindre la vérité, & qu'il faut la changer entierèment fi l'on veut terminer cette importante & finguliere affaire.

Polverel & Sonthonax ne font pas les

feuls coupables. Une feule tête n'a pu méditer tant de forfaits, il a fallu bien des bras pour les exécuter. Ils font eux feuls refponfables de tout, parce qu'eux feuls ont tout orga= nifé, parce qu'ils ont tout déforganifé. Ils ont des complices, ces complices font leurs panégyriftes ; peuvent-ils en avoir d'autres que ceux qui ont pris part à leurs attentats.

L'intérêt de la nation ne permet pas plus de fe taire fur Dufay, prétendu député de Saint-Domingue. Cet homme immoral n'eft point le repréfentant du peuple français. Il ne peut pas l'être. Son origine, ou n'eft pas connue, ou n'eft pas celle qu'il annonce. Tantôt on a vu en lui un bourgeois de Paris, tantôt un négociant, puis le fils d'un commandant des gardes-du-corps ; enfin le marquis de la Tour-Maubourg. C'eft un Camé= léon qui change de nom, de vifage, fuivant fon intérêt, & qui ne refte attaché qu'à Pol= verel & Sonthonax auteurs de fon élection, de fa fortune, étroitement liée à la leur. Par eux, il a été nommé aux fonctions les plus importantes & les plus lucratives ; par leur crédit, il a été nommé député de Saint-Do= mingue, fans les formalités prefcrites, & lorf= qu'il n'exiftoit plus ou prefque plus de fran= çais dans la colonie. Jamais on ne l'a vu fli=

puler pour les blancs, il ne les repréfenta donc pas, il ne protége que les africains dont il eft de toute juftice de maintenir les droits imprefcriptibles. Il n'eft pas le repréfentant des colons, & il ne peut pas l'être; il ne peut pas repréfenter les colons, puifque les banqueroutiers, par les anciennes loix, par les décrets, font incapables d'exercer aucune fonction publique. Dufay a fait banqueroute, puifqu'il n'a pas payé fes dettes, la preuve en réfulte d'une fentence d'ordre, qui nomme les créanciers qui n'ont pas été payés.

Une feconde fentence du Châtelet de Paris, condamne Dufay, comme ftellionataire pour deux fauffes déclarations en juftice. Dufay ne nie pas l'exiftence de ces fentences; il avoue donc tacitement fon incapacité. Jufques à quand un banqueroutier, un ftellionataire fiégera-t-il dans le Sénat français, repréfentera-t-il un Peuple franc, loyal & autant jaloux de la juftice que de fon honneur.

CREUZÉ-PASCHAL, *Député du Département de la Vienne.*

www.ingramcontent.com/pod-product-compliance
Ingram Content Group UK Ltd.
Pitfield, Milton Keynes, MK11 3LW, UK
UKHW022250070726
13613UKWH00005B/2210